EXTRAIT

de la description physique et littéraire

D'AMIGNY-ROUY,

Par SERRE A.-C.

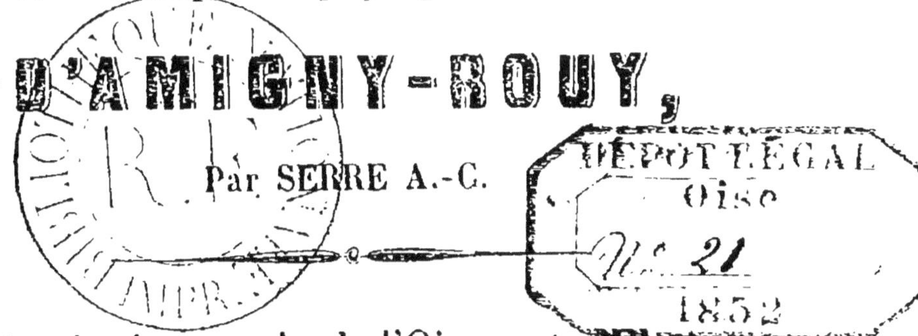

Sur la rive gauche de l'Oise, entre Chauny et Lafère, se voit, de l'autre côté de deux admirables collines formant l'attendrissant spectacle de deux mamelles de femme, un charmant village qui se dessine dans un assez vaste pentagone semé de pommiers et de peupliers : c'est *Amigny-Rouy*. Le midi se distingue de loin à ses jolis mamelons, l'un couronné d'une épaisse et giboyeuse garenne, l'autre élevant la tête sous le poids d'un vieux moulin.

Ce moulin, qui prête tant de gaieté au beau mamelon qu'il couronne, semble annoncer de loin comme un nouveau ciel, un climat de la Grèce poétique, des habitants heureux. Après le hardi clocher dont la flèche domine de nombreuses habitations éparses comme au milieu d'une forêt, le *Moulin-d'En-Haut* est la seule image qui, après celle des parents chéris, se grave pour toujours, et en caractères ineffaçables, dans l'esprit et dans le cœur du jeune conscrit, au moment cruel et difficile où il lui faut quitter le lieu tendrement aimé qui l'a vu naître. La montagne du moulin, d'un profil doux à l'œil et arrondi comme le dos d'un jeune mouton gras, est élevée de près de deux cents pieds au-dessus du niveau de la belle et riante prairie qui s'étend de Chauny à Lafère; elle surpasse, bien entendu, la hauteur du clocher; et, de son sommet, l'œil du curieux embrasse une grande étendue, un grand cercle de pays. Quand le temps est clair, dans la saison d'été, on jouit d'un spectacle, d'une perspective enchanteresse et des plus magnifiques : on peut même découvrir la collégiale de Saint-Quentin; puis vous voyez s'étendre, au pied de la montagne et du côté du nord-est, la carte du village, d'une ressemblance frappante avec la carte de France, et au sud de laquelle s'élève dans les airs un énorme et haut clocher, dont la flèche paraît défier la hauteur des cieux. Ce clocher, sur les entablements duquel on eut la hardiesse de nous porter encore dans les maillots, fut construit en 1823 par M. Lemaire, alors maire de la commune : il mesure 120 pieds d'élévation.

Le voyageur venant de Chauny arrive à Rouy en gravissant la pente douce de la route qui met en communication Chauny et Saint-Gobain; cette route, ou *la Grand'Route*, comme on l'appelle, passé entre le mamelon du Moulin-d'en-Haut et le mamelon de la Garenne. Qui voit cette réunion de beautés si bien assorties, voit sur cette montée comme le sein d'une femme cyclope : la Garenne est le teton droit (quand on vient de Chauny), la montagne du Moulin le teton gauche, et la Grand'Route, qui s'allonge et s'élargit entre les deux, dans le juste milieu, étale gracieusement l'estomac, la large poitrine de la géante terrestre. Si Virgile fût né dans notre radieuse campagne, il nous en aurait fait, il en aurait laissé à la postérité étonnée un chef-d'œuvre non moins digne de l'immortalité que son Enéide avec les Géorgiques et les Bucoliques.

La montagne gravie, une immense forêt, — l'antique et majestueuse forêt de Coucy, se range tout à coup sur notre droite; une grande plaine, un vaste terroir divisé à l'infini, qui se montre comme des haillons à mille couleurs, s'abaisse et se déroule à nos yeux.

Le terroir d'Amigny-Rouy offre à l'avidité du paysagiste une diversité étonnante de sites presque imperceptibles vus de loin, mais qui, vus de près, abandonnent le poëte aux rêveries les plus agréables. On rencontre ici un vieux chemin à talus verdoyants, creusé par le torrent des siècles, et qui se croise avec un autre chemin plat et découvert; là, un petit sentier à pente douce et rapide, qui longe de petites et de longues pièces de terre; plus loin vous côtoyez de sombres fossés de la forêt, remplis d'eau ou d'épais buissons de ronces, puis vous arrivez plus curieux que jamais dans une pièce de terre formant l'angle avec un bois de particulier et la forêt. C'est ici le cas de dire que les principales beautés se cachent presque toujours : si vous vous donnez la peine d'entrer dans ce bois de particulier, le signe distinctif du lieu dit le *Clos-Beaurepas*, vous trouverez une fosse à rouir le chanvre, où vont annuellement les lavandières amoureuses de respirer l'air des bois, d'entendre le ramage des oiseaux ainsi que le croassement monotone des grenouilles.

Il est difficile de quitter le Clos-Beaurepas sans jeter en passant un rapide coup d'œil sur la *Laie du Clos-Beaurepas* qui s'allonge à perte de vue de la lisière de la forêt au *Rond de l'Epinois*. Au printemps, au doux réveil de la nature, c'est dans cette laie enchanteresse qu'il faut aller chercher de suaves inspirations; c'est là qu'on fait des promenades sentimentales !

Le Marais de Rouy,

Le voici, le *Marais !*

La *Tête-du-Marais* de Rouy se présente, du côté du N.-O., comme un amphithéâtre en ruines. Le Marais proprement dit déploie aux yeux du passant des rues d'une largeur démesurée; les maisons qui le composent sont presque toutes de basses chaumières, à l'exception de celles de quelques cultivateurs. Si vous voulez voir le véritable Tartare, venez le contempler, en hiver, dans la fange, dans l'épaisse et gluante boue du Marais. Avec toutes ses sales rues dans la saison d'hiver, avec toutes les eaux de la prairie qui le menacent annuellement d'un déluge, il fait encore goûter de plus grandes délices que ne le ferait l'aspect orgueilleux et provocateur d'une ville opulente. Quand le paysan qui y a reçu le jour le contemple au milieu de ses grands peupliers, ou dans le miroir des eaux qui le baignent, il le trouve plus beau et plus agréable que Paris tout entier.

(SERRE aîné, d'Amigny-Rouy. — *Extrait de la description physique d'Amigny-Rouy.)*

Le port de Rouy et la chaussée Brunehaut.

(Morale aux dépréciateurs.)

Nous mettons ici les pieds sur le terrain favori des pêcheurs passionnés et craintifs, et des tireurs aux canards. C'est en ces lieux, sans contredit, le plus beau parcours de la rivière, le plus grand plaisir des yeux; c'est ici que le serpent de l'Oise devient *Boa*, et qu'il s'épuise à nous entourer de ses replis tortueux. Qui n'a jamais vu signer la belle nature, qui n'a pas encore vu d'S parfaite et monstrueuse, peut venir au *Port* satisfaire sa curiosité.

Enfin, nous voici devant la rivière du Port à l'abord menaçant et majestueux. A la triste pensée qu'elle a été le tombeau de maints désespérés, on ne peut se défendre, à la vue de la masse de ses eaux tournoyant sur des gouffres, d'un sentiment d'horreur et de crainte.

Les esprits rêveurs, les personnes portées à la mélancolie et à la contemplation doivent choisir leur retraite dans la solitude du Port, et se bâtir une humble cabane sur les bords sauvages de la rivière.

Flumina amem sylvasque inglorius. (VIRG.)

Au terme de notre promenade prairiale, il nous semble tout naturel de prendre un peu de repos : asseyons-nous ici sur le tapis de marguerites, et considérons attentivement l'onde abondante et poissonneuse qui roule à nos pieds. De temps en temps des sauts de poissons à la surface des eaux, leurs ventres argentés éveilleront notre attention qui sommeille. Et ce grand fer à cheval que forme de l'autre côté la rivière !

Mais une plus longue contemplation dans ces lieux retirés deviendrait peut-être ennuyeuse pour nos yeux toujours avides de nouveautés, et fatigante pour Flore dont nous broyons ici les épingles aux têtes argentées, les simples et joyeuses marguerites. Levons-nous, et qu'on veuille bien nous suivre encore jusqu'à la *Chaussée-Brunehaut* que nous allons remonter fatigué.

Comme la terre du Port est noire et cendreuse !

Enfin, voilà notre promenade de prairie terminée ; nous espérons, pour nous connaisseurs, admirateurs enthousiastes du spectacle de la nature que nous sommes, que cette longue promenade n'a pas été sans fruit et sans jouissance; là où nos pauvres, où nos aveugles paysans ne touchent que de la boue et des pierres, nous trouvons, nous voyons des diamants et des perles ; là où la nature ne leur dit rien, elle nous entraîne et nous charme par son langage.

Ignorants des campagnes (je ne parle pas ici aux ignorants plus grands encore des villes, car les villes ne sont point l'ouvrage de la nature, mais l'ouvrage artificiel de la main des hommes), que vous êtes à plaindre dans votre crasseux abrutissement ! Que votre vie ici-bas est courte et monotone ! Mais, il est vrai, vous jouissez d'une tranquillité naturelle et absolue d'esprit que nous ne connaissons pas ; car vous n'avez pas l'idée de savoir d'où vous venez, où vous êtes, ce que vous êtes, où vous allez ; l'horizon de votre canton est votre *Mappe-Monde*, vous ne voyez devant vous qui vous excite que le plat et la bêche, que le vil argent et le plaisir animal ! Une cervelle en feu, une tête studieuse n'est pour vous qu'un être paresseux et inutile, qu'un fantôme qui vous arrête et vous effraie partout où vous faites sa rencontre importune !

Virgile, l'admirateur de la nature, le poëte champêtre, ne s'est pas écrié à tort, dans ses immortelles Géorgiques :

O fortunatos nimiùm, sua si bona nôrint
Agricolas !

« O tropheureux les laboureurs, les gens de la « campagne s'ils connaissaient leur bonheur ! »

Assez dit en passant pour n'être pas compris peut-être.

La Cabane du père Desmarest, dans le Port.

Notons bien : nous nous trouvons sur la *Tête-du-Port ;* c'est en ces lieux déserts, où semblent habiter à l'envi le vide et le silence, que le rossignol réveille par son chant la nature endormie. Avançons sous ces charpentes de la nature, sous ces voûtes obscures que concourent à former les branches et le feuillage épais des pommiers.

Coup d'œil ravissant ! Voyez-vous là-haut, à notre gauche, cette maisonnette dressée au milieu d'arbustes sur cette éminence pittoresque qui domine la prairie de Condren, et qui regarde furtivement couler l'Oise dans le bas ? C'est la *Cabane* affectionnée de l'heureux du du pays, de l'ami de la tranquillité champêtre : c'est la *hutte* du père Desmarest. — Princes de la terre qui passez votre vie à vous admirer dans vos palais magnifiques, qui vous nourrissez de mets exquis préparés dans des vaisselles d'or et d'argent, vous êtes mille fois moins heureux, pour ne pas dire plus malheureux, que ce simple et naïf paysan qui vit, sous son humble toit de chaume, de pommes de terre cuites sous la cendre entre deux briques servant de chenets !

Cependant, il est peu de paysans qui sachent apprécier les délices de la vie champêtre. Virgile l'a dit il y a quelques mille ans :

O fortunatos nimiùm sua si bona nôrint
Agricolas!

Le Moulin-d'En-Haut, vu du Clos-de-Brice.

Admirons donc, devant nous, et sur notre gauche, ce renflement sphérique de terrain si doux à l'œil; à l'extrémité et au ciel du tableau, ce gigantesque *Moulin-d'En-Haut* qui semble posé à la main sur un globe de verdure d'une parfaite rondeur, et qui commande toute l'étendue du canton.

Une vue difficile à décrire, d'au delà de l'Oise.

Amoureux des grâces de la nature, admirateurs enthousiastes des grands effets de vues et des tableaux vivants, poëtes inspirés, peintres fameux qui faites respirer la vie à vos toiles, lorgneurs passionnés et ambitieux, psalmistes qui chantez les louanges du Seigneur et qui l'admirez dans la grandeur et la magnificence de ses ouvrages, allez tous sur les hauteurs du *Chemin-du-Messart* contempler, vers dix heures du matin ou sur les deux heures de l'après-midi, et au mois de juin ou d'août, allez tous y contempler le spectacle le plus grand, le plus magnifique et le plus sublime qui se puisse voir sous le ciel.

Sur ce point dominant et découvert, vous vous trouvez comme au centre d'un nouveau monde des Mille et une Nuits; de là, votre vue, éblouie d'abord à l'aspect saisissant d'un ciel sans nuages et sans bornes, décrit rapidement malgré elle le cercle immense de l'horizon, parcourt d'une rapidité électrique toutes les divisions de ce cercle horizontal, se reporte, en savourant sur son passage les charmes de la prairie enchanteresse qui sourit au soleil qui l'éclaire et l'égaie; votre vue se reporte, disons-nous, devant vous, et s'arrête à l'occident. Là, vous promenez vos regards sur une frappante image du *Paradis terrestre*, ou dans les *Champs-Elysées* des auteurs profanes. Vous vous attachez surtout à considérer, au milieu d'un champ magiquement illuminé par le soleil et bien peigné par la main laborieuse du laboureur, un bijou pour les yeux, — un ravissant bosquet d'une forme régulière, et admirablement placé aux yeux du spectateur du *Chemin-du-Messart;* un peu plus près sur la droite, vous pouvez distinguer la ligne ponctuée du chemin de fer du Nord; plus bas enfin, et c'est ici les plus grandes délices des yeux, le doux Zéphire (1) qui caresse les fleurs, étale sous les pieds des Naïades son manteau vert et transparent : c'est la prairie de Viry brillant au soleil.

Le coucher du soleil au Chemin-du-Messart.

Un autre tableau plus digne encore de l'admiration des hommes, qui mérite surtout leur respect et leur reconnaissance pour le Créateur, c'est *le sublime et majestueux coucher du*

1 *Zéphire*, vent doux et léger, personnifié et divinisé.

soleil. Le voici tel que nous l'avons dépeint une fois au Chemin-du-Messart :

Le jour meurt insensiblement; l'air se fait peu sentir; les bruits deviennent très-distincts ; on entend les sonnettes du troupeau de brebis (1) qui regagne paisiblement le parc ou l'étable; des cris d'enfants qui jouent dans la campagne, des aboiements de chiens, la voix du laboureur qui détèle, le tic-tac du Moulin-d'En-Haut, les sourds mugissements de l'onde qui fait tourner le moulin de Condren, les coups secs d'un maillet qui tombe sur un pieu, puis l'angélus sonnant qui invite au recueillement. Alors l'astre du jour, étant près d'éclairer l'autre monde, s'abaisse, les ombres qui couvrent les vallées gagnent progressivement le sommet de la montagne, et semblent envelopper la terre comme d'un filet : l'horizon paraît enflammé, et le soleil comme un œil d'un diamètre immense qui ouvre ses longues paupières dorées, jette sur la terre un dernier regard satisfait, et disparaît dans une mer aux eaux de diamant.

Le Champ de la Maie et le bois de Leroux de l'Eglise.

Le champ de la *Maie*, situé au nord-ouest de la montagne, et tout près du Chemin-du-

(1) Le troupeau de brebis de M. Leroux.

Messart dont il concourt à former le plus haut talus par un de ses bords, présente en effet la forme d'une vaste maie. C'est un vallon formé par les deux prolongements nord-ouest de la montagne du Moulin-d'En-Haut; un vallon solitaire qui parle beaucoup à l'imagination poétique : il a vue sur la prairie en même temps que sur Condren. La pente la plus hardie et la plus agréable de la montagne par sa situation ; plus bas, un talus tranché presque verticalement, couvert d'épais buissons d'épines noires, et se prolongeant indéfiniment vers le sud-ouest sous un petit sentier qui le borde, voilà pour la partie sud-est du vallon de la Maie ; un plaisant bocage, le *bois de Leroux de l'Eglise*, ombrage délicieusement le milieu du côté pleinement méridional. Au printemps, il faut aller goûter les charmes de la vie champêtre dans ce petit bois, qui prête son feuillage épais aux oiseaux du ciel pour y bâtir leur nid, et qui loge dans sa terre sablonneuse les lapins timides. Assez dit pour exprimer que la maie est inaccessible aux enfants d'Eole, excepté au caressant Zéphire qui remonte essoufflé de la prairie.

Point où nous quittons la Chaussée-Brunehaut à sa rencontre, à son angle avec la Grand'Route.

Quand on sort d'un long chemin, on est

ordinairement porté, en laissant échapper un profond soupir de fatigue, à regarder derrière soi pour mesurer de l'œil la distance qu'on a parcourue.

Si donc nous nous retournons, nous allons être frappé de quelque chose de grand, mais qui pourtant ne dira rien à l'esprit d'orgueil comme ce qui sent la ville, qui n'épouvantera point nos yeux accoutumés à ne donner que sur ce qui est humble comme le chaume qui nous couvre et nous abrite, qui ne les effraiera point comme cette ligne de chemin annonçant l'approche ou la présence offensante de l'homme de commerce, d'Urbain à lunettes, étranger à notre félicité champêtre : si nous nous retournons, disons-nous, l'aspect solitaire de la vieille Chaussée, de l'antique voie romaine tranchant jusqu'à l'horizon, nous frappera comme l'image d'un long chemin de fourmis tracé dans les bruyères d'une forêt. — Eh! oui, Romains à jamais immortels! vous avez encore laissé là à la postérité une bien grande marque de votre puissance!

Cet ouvrage de l'armée de César, cette Chaussée restaurée jadis pour la rançon d'une reine de France, Brunehaut, cette route de géants qui traversait la Gaule d'un bout à l'autre, qui est oubliée sur la carte et abandonnée plus d'à moitié à l'anticipation clandestine des riverains, semble venir ici mourir au pied de la Garenne dont l'éminence en couvre le brusque tournant.

La rustique maison de Guesne.

Voilà, là-bas dans le fond, à notre droite, et sur la lisière du bois, la rustique et plaisante *maison de Guesne*, isolée parmi les arbres de l'Étang-du-Bois-Allemant. Un vieux débris des armées de l'empire, riche en glorieux souvenirs, y coule des jours heureux et tranquilles au milieu de sa famille; là, de petits chevaux lui trouvent son pain dans les sillons qu'ils tracent à pas lents dans un terrain moelleux; là, quelques vaches rouges le nourrissent de leur lait, un grand chien blanc, habile chasseur, le garde fidèlement.

Nous prévenons les malfaiteurs, les voleurs de nuit, qu'il n'y a pas gras pour eux à aller rôder autour de l'habitation de ce vieux soldat de Napoléon; le père Guesne assurément ferait honneur, une salve à leur approche; son maigre bras en cicatrices exécuterait bien encore la charge en douze temps; sa bravoure militaire, son fusil noir et crasseux, son chien ne lui feraient pas défaut dans le besoin.

Amigny-Rouy se découvrant derrière la montagne.

Vive Dieu! voilà Amigny-Rouy que la montagne nous cachait depuis longtemps ! Le voilà bien heureusement rassemblé autour de son superbe clocher, faisant descendre les bénédictions d'en haut sur cinq cents familles chrétiennes..... O chaumières éternellement chéries où nous sommes né ! O belle et malheureuse fumée qui s'éloigne comme à regret de nos cheminées hospitalières ! Oh ! aussi combien les innocentes hirondelles ont de peine à quitter ce foyer domestique qui fait éclore et réchauffe leurs petits dans leur nid !

Le Moulin de Jean.

.... Arrêtons-nous. Mais qu'est-ce donc là-bas que cet objet hideux qui nous fait si soudainement contracter la figure ? C'est le *Moulin de Jean,* abandonné indifféremment au Génie des ruines. Les petits êtres rongeurs, de grande utilité partout où il n'y a rien à laisser perdre, les rats et les souris, qui s'entend mieux, bénissent et bénissent ce Dieu propice qui leur donne un asile si spacieux et si bien fortifié. Nos petits quadrupèdes au sentiment délicat (1) trouvent fort commode que ce repaire soit si près de la maie.

Lorsque, au soleil brûlant du mois d'août, la blonde Cérès (*flava Ceres*) prodigue ses dons, ses récompenses aux laborieux labou-

(1) Au nez fin

reurs, d'abondantes moissons, de copieuses provisions, n'en doutons pas, sont charriées par les rats au moulin qui ne tourne plus pour la nourriture de l'homme.

L'approche du village.

Voilà la *Terre-Lobé* à notre gauche : on la reconnaît toujours à son gros *poirier* vieux comme les chemins ; voici, sur notre droite, le *petit sentier* qui *mène avec tant de bonheur* à la chaumière du père Guesne ; deux pas plus bas, c'est le *Chemin-du-Four* qui s'enfonce et s'élargit à notre approche. Tenez, voici la sortie ou l'entrée de la *Rue-d'en-Haut ;* c'est dans cette rue que le vieil heureux du pays, le propriétaire de la délicieuse cabane du Port, le père Desmarest, coule des jours de miel, assis dans le coin de son feu, les yeux fixés sur la braise qui brille comme une riche campagne au soleil de la moisson dorée ; plus loin, sur notre droite encore, voilà la *Maison de l'Amoureux*, avantageusement placée sur le bord de la Grand'Route pour le voyageur fatigué et altéré : à la vue de son bouchon de gui et des contrevents tapissés d'affiches, nul passant ne se demandera si c'est une *auberge.*

Le chemin du Caillet,
autre chemin conduisant dans la forêt.

Vous vient-il dans l'idée, cher lecteur, de

prendre un air de bois? suivez donc ce plaisant *chemin du Caillet* de droite qui s'ouvre, se rétrécit, s'élargit, se creuse entre deux talus verdoyants, et s'efface, meurt peu à peu avant d'arriver au bois. Si vous le suivez au printemps ou en été, vous n'aurez pas de regret de vos pas, vous ne voudrez plus en faire d'autre : ce sera une de vos promenades favorites. En effet, qui n'affectionnerait pas une promenade qui nous mène en nous berçant dans un coin de bois le plus délicieux de la forêt? Les héros bienheureux des Champs-Elysées envieraient certainement un pareil séjour.

En voici le tableau :

Vous sortez de la Grand'Route, vous entrez avec des yeux nouveaux dans le *Chemin du Caillet* qui semble partir du pied du clocher et en suivre exactement la direction sud-est; vous le descendez, et le clocher s'enfonce et se cache derrière vous à mesure que vous approchez de la forêt : alors vos regards ne s'étendent plus que dans un demi-cercle d'horizon; vous êtes maintenant dans une solitude champêtre où votre âme respire un air de liberté loin des distractions du monde (car le commerce des hommes, le bruit des habitations du village ne sort point du cercle dont le clocher est le centre); là votre vue se promène avec plaisir à droite et à gauche dans des terres humides pourtant, sous de jeunes pommiers dont les têtes au feuillage épais s'étalent aux yeux comme de grands parapluies; votre vue s'arrête ensuite à un angle de la forêt, vous vous trouvez enfin au bout du chemin du *Caillet* devenu sentier, et vous pénétrez dans un lieu privilégié de la forêt de Rouy par de petits sentiers qui serpentent et sonnent sous vos pas comme des excavations, sous des berceaux et des dômes dont le vert feuillage embaume, dans des clairières qui résonnent du bruyant ramage des oiseaux.

Intérieur du village.

Pourtant quel contentement de cœur!... quelle tranquillité d'esprit on éprouve ici qu'on ignore à la ville!!! C'est qu'à la ville les rues et les places nous paraissent toujours bruyantes, rebelles, animées comme un théâtre, comme en un jour de révolution.

Chez nous, les rues comme les places, bien qu'animées par la fréquentation, sont tranquilles et libres, c'est-à-dire jamais encombrées, si ce n'est les jours de fête patronale ou de carnaval. On y jouit toujours du soleil, d'un air pur; on n'y voit point, comme à la ville, de devantures vitrées qui étrangeraient le paysan, ni même de ces *quatre-yeux* qui se braquent particulièrement sur le défenseur de la patrie, sur le nourricier (*agricola*) du peuple, le paysan : le paysan est l'homme utile, l'homme durable qui méprise tout ce qui s'élève ou s'abaisse : c'est la maille, la chaîne du travail. Pour lui, tout ce qui n'est pas travail manuel, n'est pas travail, c'est paresse. Ainsi le curé, le maître d'école, l'écrivain, le soldat, sont à ses yeux des paresseux et des mange-pain sans le gagner.

Description de l'intérieur des ménages pauvres; félicité sous le chaume.

Cependant, pour la plupart, les grandes cours perpendiculaires (1) sont entassées de ménages, de gens en loyer de maison.

C'est dans ces cours qu'il faut aller prendre connaissance de la vie des petits ménages de campagne, de familles à qui le bon Fénelon a permis de danser pour leur faire oublier un instant leur misère, si toutefois la misère peut trouver un logement à la campagne. Qu'y voit-on ? Au premier pas qu'on fait dans la cour, on est suffoqué par une forte odeur de soupe à choux où il y a beaucoup de légumes ; cette odeur, si vous entrez dans la maison, vous monte, vous pique dans le nez et inonde votre langue de salive : vous voyez dans l'intérieur de ces cases, palissadées pour la plu-

(1) Perpendiculaires aux rues.

part, de nombreux enfants, les uns au berceau, les autres au sein de leur mère, d'autres encore assis au coin d'un feu de bois vert, sur des chaises rouges, crasseuses quelquefois, humides d'urine, fort pesantes, courtes et grossièrement travaillées. Quelques-unes de ces maisons n'ont qu'une petite fenêtre; tout le mobilier de la famille ouvrière se compose d'une petite table carrée à l'entrée de la porte et vis-à-vis de la fenêtre; d'un gros meuble massif qu'on appelle lardier (1), qui s'ouvre péniblement et dont on bâillonne la gueule, c'est-à-dire la porte, avec un bâton de charme écorcé au bout duquel est une petite fourche; les autres objets mobiliers se composent : dans un coin choisi de la pièce, d'un monstrueux lit gonflé de paille et de feuilles sèches, sans rideau, mais paré des deux côtés libres d'une épaisse rangée de belles chaises; d'une belle armoire basse et carrée (2) d'un jaune terne; d'une grosse horloge au rouage en bois, souvent véritable patraque; d'un grand seau de chêne de la charge d'un homme, posé sur une pierre carrée, entre la cheminée et la petite fenêtre, d'un soufflet neuf ou d'un soufflet de bois de sureau percé; d'une grosse pince, d'une pelle à feu, d'une boîte au sel pendue

(1) Un lardier *est un coffre pour le pain.*
(2) Nous *aumêle.*

dans la cheminée, enfin d'un chambranle de cheminée étalant aux yeux une longue file d'assiettes dressées, retenues par une ficelle, et de tableaux représentant Notre-Dame-de-Liesse ou des amourettes : le foyer de la cheminée, dans ces sortes de maisons, consiste souvent en deux lignes parallèles de briques.

Avec tout cela, le paysan de Rouy est plus heureux, sans le savoir toujours, et il s'aime infiniment mieux que le délicat bourgeois élevé dans une boîte de coton. Sa journée faite, il regagne, le soir, avec le plaisir d'un appétit à satisfaire, sa modeste demeure; il y retrouve, en cercle autour du feu, ce qu'il a de plus cher au monde, sa femme, habile fileuse, et ses enfants pleins de vigueur et de santé; il reçoit, en arrivant, des caresses et des baisers; et, en attendant le souper, s'il n'est pas prêt, il conte des fables à ses enfants ou les fait danser, l'un après l'autre, sur ses genoux de velours ou de treillis. — Mais si, en arrivant bien fatigué, il ne trouve pas de pain à la maison? — il en trouve toujours : sa bonne ménagère a prévu son arrivée, elle n'a point attendu son retour pour aborder la question de chercher du pain ; et d'ailleurs on n'a jamais trouvé mort de faim l'ouvrier courageux qui a bras et jambes valides.

Eh bien! bourgeois, avez-vous dans vos brillants salons un pareil, un si beau tableau de félicité champêtre ? Ou plutôt pouvez-vous croire à l'existence d'un semblable tableau ? Ah ! difficilement ! car vous êtes nés sur un tapis doré....

(Extrait de la Description physique d'Amigny-Rouy, par Serre *aîné.)*

La grande perspective des Champs, vue de la Forte-Telle.

Remontons maintenant vers le lieu si éclairé nommé la Forte-Telle. — Ah ! c'est ici qu'il faut ouvrir les yeux qui n'ont encore fait que voir les objets un à un, sans les contempler dans leur ensemble, dans le grand miroir de la nature !

De ce point, de la tête de la Forte-Telle, lancez vos regards, au soleil de midi, sur la montagne du Moulin-d'En-Haut et sur la partie du terroir qui l'environne, vous chercheriez en vain, dans toute la Grèce antique et dans la vieille Asie-Mineure, de plus magnifique, de plus majestueux et de plus attrayant tableau. Le ciel et le moulin paraissent dans le lointain ; la Garenne, qu'on aperçoit comme un noir brouillon, se prendrait facilement pour un géant à chevelure épaisse et négligée, endormi sur le flanc de la montagne : on croirait voir Hercule qui, fatigué d'avoir soulagé Atlas, oublie dans les douceurs du sommeil l'accablement qu'il vient d'éprouver. Vous contemplez toutes ces merveilles sous un soleil radieux vomissant de toutes parts des gerbes de lumière. Ce qui ajoute encore quelquefois davantage à ce tableau, c'est un parc dressé à coups de maillet dans la plaine, un berger qui fait paître son troupeau sur le penchant de la montagne, un laboureur qui ouvre le sein de la terre en chantant des airs patriotiques.

Allons à l'Aunaie.

Quittons à regret ce lieu (*la Forte-Telle*) où nous passerions un temps infini en extases, et dirigeons-nous vers les fonds connus sous le nom de l'*Aunaie* : c'est un endroit marécageux et boisé; nous n'essaierons pas de le visiter la nuit; car, disent les vieilles mamans « *c'est là le rendez-vous des sorciers et des diablotins : ils y font le sabbat ;* » de plus, il sert de cimetière aux animaux domestiques ; on y voit parfois les corbeaux voraces s'y disputer des lambeaux de chair, des débris de cadavres.

L'*Aunaie* est un bas-fond parallélogrammique (1) épanchant ses eaux limpides vers le bas du village appelé le *Marais ;* du Marais, les eaux descendent dans la prairie.

(1) Ou mieux : Un bas-fond rectangulaire.

A l'extrémité de la partie boisée de l'*Aunaie*, et près du vieux chemin de Servais, se trouve une grande fosse servant communément de lavoir au voisinage.

Suivons le cours des eaux de l'*Aunaie*, il nous mènera sur la *Tête-du-Marais*. — Que d'agrément à descendre rêveur ce cours au murmure d'une eau argentine qui creuse toujours son étroite et profonde prison !

Le Grand-Large.

Nous allons bientôt être arrivé au lieu du Rû appelé le *Grand-Large* ; c'est en effet là la plus grande profondeur et la plus grande largeur du petit ruisseau enchanteur. Il peut avoir en cet endroit quatre mètres de largeur sur un mètre soixante de profondeur ; considéré en face, il ressemble à un moyen canal. Les bords si connus du *Grand-Large*, qui ont été tant de fois pétris et qui doivent conserver pour longtemps des empreintes de pieds, de genoux et de mains, sont des berges agitant au souffle léger des zéphyrs leurs rubans verts, des panaches moelleux, des glaives longs et flexibles, des roseaux.

Désolante vitesse du temps, que de souvenirs d'enfance se pressent sur ces bords dans notre mémoire ! Que de fois ici nous nous sommes baignés, non-seulement dans un été, mais dans un jour! — Combien de fables, assis ou couchés sur cette épaisse verdure, nous nous sommes contées! Ah! aussi, bien des écoles buissonnières ont été faites au *Grand-Large*....

Condren vu en passant.

Donnons tout le temps à notre plaisir; en traversant la longueur de la prairie dans le voisinage du Pont (1), empressons-nous de reconnaître, sur notre droite, le petit village de *Condren*, à l'aspect si sauvage, et dont la première maison, la *maison de Dessaint* qui attire nos regards par son éclatante blancheur et par le bruit de son moulin à eau, contraste si fort avec les plus proches chaumières de l'endroit; sur notre gauche, une entrée d'Amigny, la *Gueule-du-Prait* (2).

Le Pont d'Amigny.

Voici présentement le *Pont d'Amigny*, consistant en quatre grandes dalles de pierre dure (3) lourdement posées sur une maçonnerie cimentée.

Voyez! quelle gentillesse.... le côté gauche

(1) Le Pont d'Amigny.

(2) *Prait* vient de *pratum*, pré, prairie; herbe, herbage.

(3) Ces dalles de pierre viennent de Fresne.

du pont nous offre un gué sur un léger gravier. — Paysans, vous ne trouvez pas de beautés naturelles chez vous ! Mais où mettez-vous vos yeux ? Vous marchez dessus...

Condren.

Arrêtons-nous un instant à l'angle de l'*embouchure* du Rû pour rassasier nos yeux d'un spectacle qui nous transporte d'imagination dans les îles lointaines de l'Océanie. — Voyez-vous, en face, ces deux petites îles flottantes, colorées de gazon et peuplées çà et là de beaux bouquets de boursaults ? Plus loin, sur la droite, remarquez-vous s'ouvrir devant nous la Grand'Rue de *Condren*, l'antique *Contraginum* des Romains ?

Au temps de Jules César, le conquérant des Gaules, un formidable pont-levis s'élevait en cet endroit sur la rivière. Depuis fort longtemps, sans doute, *Condren* manque de pont sur l'Oise; on la passe sur une barque pour cinq centimes : ainsi ses malheureux habitants passent pour arriérés d'un siècle, parce qu'ils n'ont pour ainsi dire aucune communication au delà de la rivière qui les baigne, et qu'ils semblent avoir rompu avec leurs plus proches voisins....

Rencontre de la Chaussée Brunehaut et de l'Oise au Port.

Voilà une nouvelle entrée, une nouvelle porte des champs qui s'ouvre bien étroitement à notre approche, *patet nobis iter :* c'est une antique *voie romaine*, c'est la vieille *Chaussée-Brunehaut* qui s'interrompt ici si brusquement, qui s'efface, qui vient boire les eaux de l'Oise, et qui, dans son oubli qu'elle paraît nous reprocher, se précipite en désespérée dans l'élément liquide toujours insatiable de victimes, pour s'y noyer: elle semble plutôt reculer d'effroi à la vue, à la rencontre soudaine et inattendue du miroir éclatant de la rivière d'Oise.

Oui, la *Chaussée-Brunehaut* s'évanouit et se confond ici pour reparaître, de l'autre côté, au juste milieu de *Condren*, plus gaie, civilisée si vous le voulez, car là elle ne se cache plus sous les buissons du Port, et habitée. Ne croirait-on pas qu'elle plonge, qu'elle file sous le lit de la rivière pour se montrer victorieuse plus loin sur l'autre bord ?

Celui qui a chanté le labourage, les troupeaux et les arbres (*cecini pascua rura*), l'immortel poëte Virgile, semble n'avoir écrit que pour la campagne ; partout il accorde (*Voir ses délicieuses* Géorgiques) au naïf paysan. A propos du partage du mérite, il dit, en parlant des habitants de la campagne : GÉORG., *liv. II, v.* 472 :

. . . . *extrema* PER ILLOS
Justitia excedens terris vestigia fecit ;

« Quand la Justice, indignée des crimes des « hommes, allait quitter la terre, ce fut AU « MILIEU D'EUX que ses pieds laissèrent leur « dernière empreinte. »

S'il n'y avait point de mérite à faire éloigner de la terre la Justice, il y en avait pourtant toujours en quelque sorte pour ceux qui lui avaient donné plus longtemps l'hospitalité.

La rue du Peuplier aboutissant à la Grand'Rue.

Nous allons d'abord rencontrer intérieurement, sur notre gauche, notre chère *rue du Peuplier*, qui nous a vu naître et grandir et qui nous est si délicieusement familière. La voici tournant pleine de grâce vers l'Église.

Oh ! oui, elle nous est bien chère, cette rue, quoiqu'elle ne soit pas toujours pour nous d'agréable souvenir....

Sed si tantus amor casus cognoscere nostros . . .

Une ancienne autorité (1) demeurait à l'entrée de cette rue ; et l'entrée de la rue du Peuplier peut être regardée ici comme la porte du quartier du village, le *Quartier de l'Église*,

(1) Une ancienne autorité, c'est-à-dire un ancien maire.

que tout sujet qui se pique d'honneur appelle *la Ville*. En effet, quand on remonte en blouse neuve vers l'église, on dit, la casquette sur l'oreille : *Je vais à la ville*, ou avec moins de restriction, et lorsqu'on remonte seulement sur Amigny : *Je vais en ville*.

Bon lecteur, ne regrettez-vous pas la promenade des champs? Ne pleurez-vous pas *Pan*, *Faune*, *Écho*, *Sylvain?* Vos yeux et votre esprit ne cherchent-ils pas à ressaisir l'attrayante et délicieuse perspective des champs? Ne soupirez-vous pas, comme le prisonnier, après l'air libre de la plaine, après le caressant zéphyr et la solitude enchanteresse du vallon, après le chant de l'alouette?

> . . . . *O ubi campi,*
> *Sperchiusque, et virginibus bacchata Lacænis*
> *Taygeta! o qui me gelidis in vallibus Hæmi*
> *Sistat*, etc. (VIRG., Georg., lib. II. v. 29.)

(SERRE A.-C. aîné. — *Voir la description physique et littéraire d'Amigny-Rouy.*)

MAIRIE D'AMIGNY-ROUY.

Avant la Révolution de 93, la commune, comme toutes les autres sans doute, était administrée : à Amigny, par un *syndic*, qui tenait les fonds de la commune ; et à Rouy, par un *maire*. Le syndic paraissait être au-dessus du maire.

Il y eut aussi des synonymes de maires : c'étaient des *agents municipaux* qui correspondaient au canton, pour traiter en assemblée des affaires de la commune.

Les conseillers municipaux ne portaient plus ce nom : on les appelait les *notables*.

MAIRES.

CARON. — CARRIÈRE Charlot. — BROCHART Jean (1793), agent municipal. — DEMILLY (1797), agent municipal. — BONDEAUX, adjoint. — LANGLET, sous la Révolution. — LEFÈVRE, Claude (179...), sous la Révolution. — GUILBERT, Jacques. — LEROUX, Jean-Louis. — LEFÈVRE (Jean de Paris) (1798). — DEMILLY, Claude, (père de Piot-Maigre). — HAIN (le père du père Pierre Hain), bourrelier. — M. BERTIN (1814, à l'invasion), pendant les Cent jours. — DEBRIE, Jean-Pierre (1815). — Gayant (Grand), tonnelier, adjoint. — Lefèvre (Baptiste - Paris), greffier. — LEMAIRE, Antoine (1815-1825). — CARLIER, Augustin (1825-1832). — DEMILLY (dit Caillou), (1832-1848). — LAPORTE (1848), à la naissance de la République. — JONCOURT, Xavier, dit le Frère (1848), par intérim. — Joncourt Xavier (le même), adjoint. — DUHÉNOY, Germain (1848-1851). — Joncourt, Xavier, adjoint. — Lefèvre, Hector (dit Cadet Paris), adjoint (1832-1848).

ÉGLISE.

Les Curés d'Amigny-Rouy depuis deux cents ans, c'est-à-dire de 1600 *à* 1852.

OBSERVATIONS PRÉLIMINAIRES.

La paroisse, jusqu'à l'avènement de la première république, a toujours eu un vicaire auprès de son curé : la révolution abolit le vicariat dans les campagnes. Le vicaire avait la maison commune pour demeure, et le curé tenait les registres de l'état civil.

M. COEUR DE ROY, Charles (1675-1739), était un bien digne homme.

Synchronisme. — M. Claude Lemaire, prêtre-curé de la paroisse de Sinceny-Autreville, est témoin d'une donation de deux setiers de terre en une pièce située au-dessous de la Garenne, faite à la fabrique de l'église d'Amigny-Rouy, par Catherine Natier, veuve de Raliencourt, le 13 octobre 1725, à la charge par ladite fabrique de lui faire tous les ans et à perpétuité un service commémoratif.

M. Cœur-de-Roy accepte cette fondation.

M. RAIGE Cl., de Péronne; il était oncle au grand-père de Dragon (1675-1685).

M. LEBORGNE, Louis-Vincent (1698-1700), mort le 28 juillet 1700.

Son acte de décès. — Le 28 juillet 1700, a été inhumé le corps de messire Louis Leborgne Vincent, chanoyne de St-Louis-du-Château-de-Laffer, et commis pour la descharge de la cure d'Amigny-Rouy y demeurant, après avoir reçu les derniers sacrements; enterré par moy, prêtre-curé de Saint-Pierre de Barizis, appelé pour l'absence de messire François Lefèvre, prêtre-curé de ladite paroisse d'Amigny-Rouy.

M. LEFÈVRE, François (1700-1704).

M. Pelletier, vicaire (devenant le curé pour l'absence de M. le curé).

Synchronisme. — Au bas d'un acte de baptême on lit :

Dagneau, doyen de Lafère, a baptisé en l'absence du curé.

M. GENTEUR, Charles-Nicolas (1745-1747), mort le 28 septembre 1749.

Son acte de décès. — Le 28 septembre 1749, est décédé maître Charles-Nicolas Genteur, prêtre-curé de cette paroisse, muni des sacrements de l'Église, et le vingt-neuf son corps a esté inhumé dans le chœur par moy prêtre-curé et doyen du détroit de Lafère, soussigné, présents maîtres Jacques-Antoine Dumetz, curé de St-Gobain, Charles-Jean Dubuisson, curé de Deuillet-Servais, Robert Robin, curé de Pierremande, Nicolas de Marly, curé de Follembray, Me Gautier, curé de Bichancourt, Jean-François Pellicier, curé de Coucy-la-Ville, Joseph Dolé, curé de Champt, Messieurs Simon Genteur et Claude Genteur, son frère, et autres témoins qui ont signé avec nous.

(*Suivent les signatures.*)

Synchronisme. — D.-J. Hubert, curé de Barizis.

M. GRESSIER (1749), de la Thiérache.

Synchronisme. — Louis-Cardon, curé de Dœuillet et Servais; Dubuisson, id. — Le 27 septembre 1749, un acte de décès est rédigé par M. D. François Caudron, prêtre-religieux de la prévôté de Barisis, à cause de la maladie de M. le curé Genteur.

Mariage. — . . . . ont été solennellement mariés dans cette église par moi curé soussigné (prieur) des Célestins de la maison de Villeneuve près Soissons, soussigné, en présence et du consentement de M. Gressier, curé de cette paroisse.

Un baptême est fait le 15 janvier 1755 par D.-C. Delporte, curé de Barizis, en l'absence de M. le curé de Rouy. — Le 29 septembre 1755, M. Bocquet, curé de Servais, baptise et fait un acte de naissance en l'absence de M. le curé de Rouy.

M. GÉNART ou GENNART , de Buironfosse (Flamanderie). M. Gennart prit maladie; il s'en retourna dans son pays et y mourut; 7 ans curé à Rouy.

M. GRIFFON, vicaire.

M. MEUSNIER, Nicolas-Laurent, mort le 23 janvier 1824, âgé de 84 ans. C'était le meilleur des hommes; aussi mourut-il vivement regretté de tout le monde : popularité, point d'orgueil, grande humilité, charité ardente, tel était son caractère.

M. GRIFFON, vicaire. — M. COURTEVILLE, son successeur : tous les deux allaient aussi desservir la chapelle du Vivier, à Folembray.

M. MEUSNIER, Étienne-Augustin, mor le 7 janvier 1825, âgé de 80 ans. On l'ap pelait le curé Veslud, parce qu'il avait ét auparavant curé de cette paroisse du cantor de Laon; il desservait Servais.

M. TURBAN, qui fut fait curé à Marolle curé d'Amigny-Rouy pendant la déportatior de MM. Meusnier. Au retour de ceux-ci, il du quitter la paroisse. Il mena une vie qui ne répondait pas à la sainteté de son ministère, et finit malheureusement.

Mars 1852.

Noyon. — Imp. de Cottu-Harlay.

www.ingramcontent.com/pod-product-compliance
Lightning Source LLC
LaVergne TN
LVHW020303230826
846091LV00006B/2496

9782011298492